세상에서 가장 슬픈 여행자,
난민

하영식 글 | 김소희 그림

사ㅁㅁ계절

 들어가는 글

난민이 뭐예요?

안녕, 나는 하영식이라고 합니다. 오랫동안 기자로 일하면서 세계 여러 나라를 다녔지요. 특히 분쟁이 많은 지역을 돌아다니며 글을 썼어요. 오늘은 내가 만났던 난민들에 대한 이야기를 해 보려고 합니다. 혹시 난민에 대해 알고 있나요? 1951년 국제 연합(UN)은 제네바에서 '난민의 지위에 관한 협약'을 채택하여 발표했습니다. 이 협약은 세계가 함께 나서서 난민들을 보호해 줘야 한다는 약속이에요. 전쟁이나 천재지변으로 인해 삶의 터전을 잃고 생명에 위협을 받는 난민들이 안전한 곳에서 살 수 있도록 도와줘야 하는 건 인류의 당연한 의무라고 규정하고 있습니다.

국제 연합의 정의에 따르면, 난민이란 정치적·종교적 전쟁이나 박해를

피해 국경을 넘은 사람을 뜻합니다. 모든 것을 버려둔 채 떠나온 난민들은 새로운 곳에서 처음부터 다시 시작해야 합니다. 당연히 난민들은 그 나라의 문화와 생활에 완전히 적응할 때까지 현지 주민들의 도움과 관심이 필요할 수밖에 없지요. 하지만 세계가 더욱 이기적으로 변하면서 이런 당연한 생각들이 외면받고 있어요.

유엔 난민 기구(유엔 난민 고등 판무관실, UNHCR)에 따르면, 전 세계에서 5000만 명 이상의 사람들이 전쟁으로 인해 삶의 터전을 떠났다고 합니다. 그리고 2011년 말에 1000만 명에 달하던 난민들이 2015년에는 1500만 명으로 늘어났다는 통계도 내놓았습니다. 5년 사이에 500만 명이 증가한 것입니다.

해가 갈수록 난민들이 늘어난다는 것은 세계가 더 많은 전쟁으로 고통받고 있다는 뜻이에요. 전쟁으로 인해 생겨나는 난민 문제의 근본적인 해결 방법은 너무나 간단합니다. 전쟁을 끝내는 거지요. 난민들은 평화를 되찾은 고향으로 돌아가 사는 꿈을 매일 꾸고 있습니다. 세계는 난민들이 다시 일어설 수 있도록 끊임없이 관심을 가지고 도움을 줘야 해요.

여러분은 잘 모르겠지만 1950년에 발생한 6·25 전쟁으로 우리나라 국민들도 난민(피난민)으로 살아간 역사가 있습니다. 6·25 전쟁은 남북한을 합

쳐 수백만 명을 피난민으로 만들었습니다. 남북의 피난민들은 외국에서 보내 준 식량과 물자로 겨우 목숨을 이어 나갈 수 있었어요.

 2015년, 전쟁이 일어난 시리아에서 우리나라로 와서 난민 신청을 한 시리아인은 거의 800명에 이릅니다. 하지만 난민으로 인정받은 사람은 겨우 3명밖에 되지 않습니다. 또한 2015년 말부터 우리나라에서 난민으로 인정받기를 원하던 시리아인 28명이 반년 동안 인천 공항에서 갇혀 지내 온 사실이 알려지면서 세계적인 문제가 된 적도 있습니다. 우리나라는 난민들이 주로 오는 중동과 아프리카와 지리적으로나 문화적으로 거리가 멀어서인지 난민에 대한 대책은 거의 준비돼 있지 않은 상태입니다. 세계에서 경제 대국으로 인정받으면서도 여전히 세계 공동체 속에서 제대로 된 역할을 하지 못하고 있습니다.

 사실은 우리나라 출신의 많은 사람들도 난민으로 외국에서 살아가고 있습니다. 6·25 전쟁으로 부산으로 피난 갔던 많은 사람들이 일본이나 미국으로 밀항해서 난민으로 정착하기도 했습니다. 또한 독재 치하에서 저항 운동을 하던 소수의 우리나라 국민들도 외국에서 난민이 되기도 했습니다.

대표적인 경우가 '파리의 택시 운전사'로 유명한 홍세화 선생입니다. 여러분에게는 조금 생소할지도 모릅니다. 홍세화 선생은 1979년 한 한국 회사의 파리 지사에서 근무하던 중 한국에서 터진 '남민전'이라는 사건에 연루되면서 한국으로 돌아올 수 없었습니다. 남민전은 1970년대에 박정희 독재 정권에 대항해 만들어졌던 비밀 조직입니다. 당시 신변이 위험해진 홍세화 선생은 프랑스 정부에 난민 신청을 했습니다. 프랑스 정부는 홍세화 선생을 '사상의 자유에 대한 침해로 인한 난민'으로 인정했습니다. 홍세화 선생은 그때부터 난민으로서 택시 운전이나 관광 안내 등 여러 직업을 전전하면서 20년간 파리에서 살았습니다. 이 시기의 경험과 생각을 엮은 책《나는 빠리의 택시 운전사》는 한국 사회에 엄청난 충격을 던져 주었습니다.

홍세화 선생뿐만 아니라 미국이나 독일을 비롯한 유럽의 국가들에서는 극소수이지만 지금도 우리나라 국민들이 난민으로 살아가고 있습니다. 우리나라 사람들이 도움을 받은 것처럼 우리나라도 전쟁과 박해를 피해서 온 난민들을 도와야 합니다. 세계는 서로 돕고 사는 공동체입니다. 인간은 국적과 종교, 피부색이 다를지라도 사랑받을 만한 가치가 있는 존재입니다.

 차례

1. 폭력과 가난으로 신음하는 아프리카 난민

들어가는 글_난민이 뭐예요? 2

아프리카 사람들은 왜 아프리카를 떠날까? 15
유럽으로 가는 아프리카 난민들 18
유럽에서 난민들이 겪는 현실 20
살던 곳을 떠날 수밖에 없는 사람들 21

2. 아프가니스탄 난민의 기나긴 여정

유럽, 유럽으로! 29
유럽으로 가는 험난한 여정 30
터키에서 그리스로 가는 길 33
난민들의 희망, 독일 39
파트라항에 모이다 42
그리스 안의 작은 아프가니스탄 45
희망이 필요해요 48
난민들과 함께 이탈리아의 앙코나항으로 49

3. 살기 위해 떠나다, 시리아 난민

난민들의 집결지로 변한 헝가리의 수도 61
시리아 내전 상황과 현재 69

4. 지뢰로 뒤덮인 고향을 등진 체첸 난민
체첸에서 전쟁이 끊이지 않는 이유 77
체첸 난민은 어떻게 지낼까? 79
텅 비어 버린 체첸 82
참혹했던 체첸 전쟁과 현재 84

6. 전쟁의 소용돌이 속 콜롬비아 난민
콜롬비아 소녀 파티의 이야기 105

맺는 글_난민들의 슬픈 여행이
하루빨리 끝나기를 기원합니다! 110

5. 또 하나의 분단국가, 키프로스의 난민
키프로스의 분쟁은 어떻게 시작됐을까? 95
고향이 그리운 키프로스의 난민들 99
키프로스가 통일되는 날 102

폭력과 가난으로 신음하는
아프리카 난민

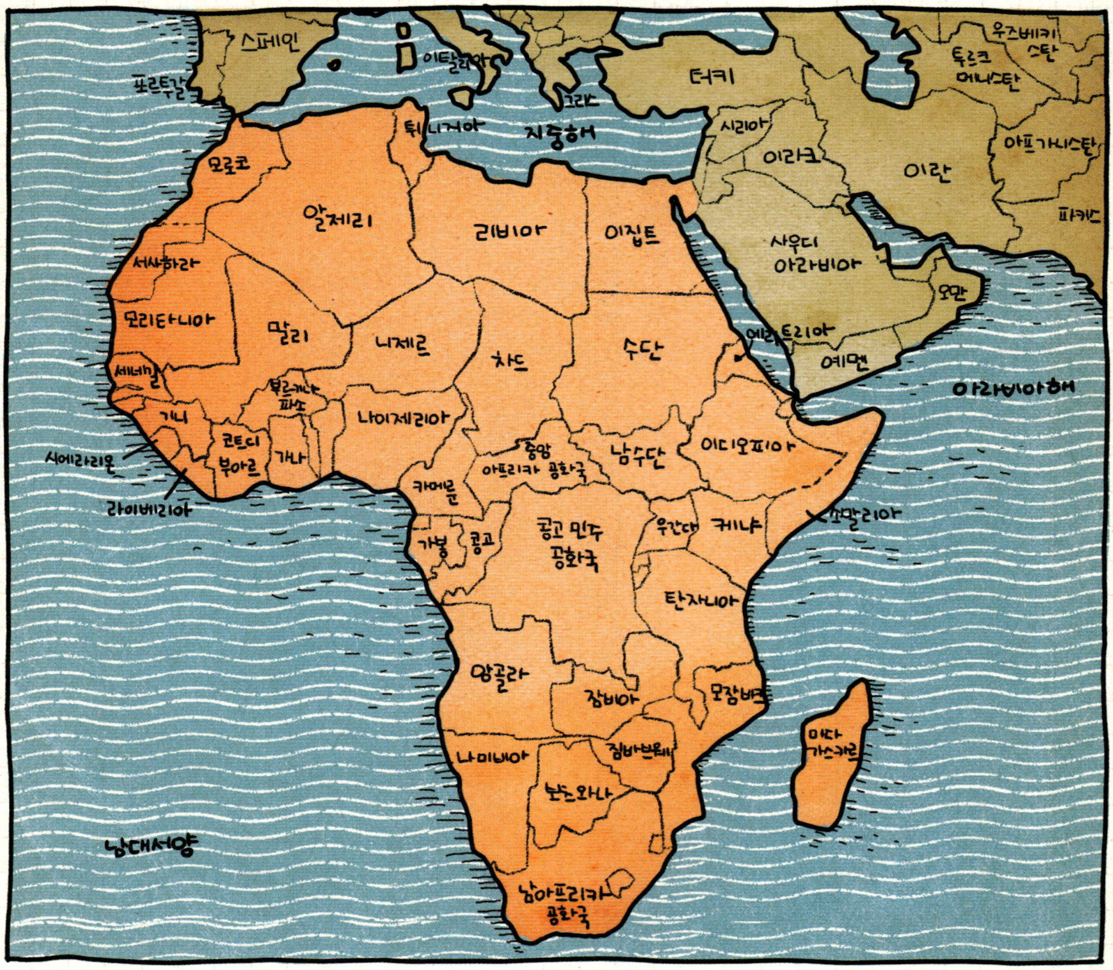

아프리카 사람들은 왜 아프리카를 떠날까?

현재 아프리카 대륙 전체는 내전으로 인해 혼란 상태에 빠져 있습니다. 이 때문에 대부분의 아프리카 국가들에는 난민들이 살고 있습니다. 현재 아프리카에서만 1700만 명이 전쟁으로 인해 삶의 터전을 잃었습니다. 450만 명이 난민이 됐고 1200만 명 이상이 피난민이 됐습니다.

그럼, 아프리카 대륙에서 10만 명 이상의 난민들을 낳은 국가들을 살펴보겠습니다. 수단이 93만 명, 부룬디 50만 명, 콩고 47만 명, 소말리아가 40만 명, 라이베리아 35만 명, 앙골라가 23만 명, 에리트리아가 13만 명의 순입니다.

에리트리아 사람들은 22년 동안 폭력으로 통치를 해 온 아페워키 정권 아래서 가난과 폭력에 휘둘리며 신음해 왔습니다. 대부분이 젊은이들로서 에리트리아를 탈출해 유럽으로 향하고 있습니다.

수단 역시 오랜 기간 동안의 내전으로 인해 남수단과 북수단으로 분단됐습니다. 내전으로 많은 국민들이 난민이 되어 이웃 국가로 유럽으로 떠났습니다. 지금도 경제는 밑바닥이어서 가난을 참지 못한 사람들이 수단을 떠나고 있습니다.

그 외에도 나이지리아는 석유가 나오는 나라이지만 부의 분배가 불평등하게 이뤄지면서 인구의 반은 굶주림에 시달리고 있습니다. 따라서 해마다 유럽으로 가는 행렬이 증가하고 있습니다. 또한 이슬람 국

유엔의 후원 아래 소말리아 외곽에 마련된 아프리카 난민 어린이들의 임시 학교.

가(IS)에 충성을 맹세한 '보코하람'이라는 이슬람 수니파 무장 그룹의 잔인한 살상과 파괴로 인해 많은 나이지리아 국민들이 안전과 더 나은 삶을 위해 유럽으로 향하고 있습니다.

소말리아는 수십 년 동안 정부군과 반군 사이의 내전으로 수많은 사람들이 난민이 되어 이웃 국가들로 떠났습니다. 지금도 여전히 내전은 진행되고 있으며 경제는 완전히 붕괴된 상태입니다.

세네갈은 높은 실업률과 더불어 대다수의 국민들이 가난에 시달리는 경우입니다. 많은 사람들이 일자리를 찾아 이웃이나 유럽으로 발걸음을 돌리고 있습니다.

유럽으로 가는 아프리카 난민들

이탈리아는 대부분의 불법 이민자들이 오기를 꿈꾸는 곳입니다. 여기서 잠깐 이민자와 난민에 대해 설명하겠습니다. 난민은 인종이나 종교, 국적, 정치적 견해 등으로 인한 박해를 피해 자신의 국가를 탈출한 사람을 말합니다. 이런 사람들은 불법 입국을 했더라도 해당 국가에 망명을 신청하거나 임시 보호를 요구할 수 있으며, 이들을 강제로 돌려보낼 수 없게 되어 있습니다. 이민자는 가난 등의 이유로 더 나은 기회를 찾아 떠나온 사람으로 입국한 국가가 원하는 법적인 요건을 갖추지 못하면 불법 이민자로 분류돼 강제로 추방될 수 있습니다. 아프리카 사람들 사이에서는 '이탈리안 드림'이 있습니다. 어떤 수단과 방

법을 쓰더라도 기어코 이탈리아로 가겠다는 아프리카 사람들이 줄을 잇고 있습니다. 그런데 왜 이탈리아로 오기 위해 애를 쓰는 걸까요? 물가도 높고 일자리도 구하기 힘든 나라가 왜 이들이 꿈에도 원하는 행선지가 되고 있는 걸까요? 물론 이탈리아를 다녀 보면 고풍스러운 건축물들과 단정하게 정리된 거리가 인상적입니다. 그러나 가난한 이민자들은 이런 환경을 제대로 즐길 만한 여유가 도저히 생길 수 없는 게 현실입니다. '생존'을 위해 몸을 굴려야 하는 사람들에게 화려한 건축물과 고풍스러운 분위기는 단지 그림의 떡일 뿐입니다.

  사실 아프리카에서 온 많은 이민자들은 이탈리아가 최종 목적지가 아닙니다. 이탈리아를 통해 독일이나 영국, 프랑스로 가기를 원합니다. 이탈리아에 남아서 정착하기도 합니다만, 서구 유럽보다는 난민에게 더 인색한 게 사실입니다.

내가 이탈리아 동쪽 해안 도시인 앙코나시의 기차역에서 만났던 한 아프리카 사람의 간략한 인생 역정을 들어 보면 이탈리안 드림은 비현실적이라는 것이 드러납니다.

유럽에서 난민들이 겪는 현실

10년 전에 이탈리아로 왔다는 '피터 아월(41세)' 씨는 지금 이곳에 온 것을 대단히 후회하고 있습니다. 그는 '수단' 출신으로 합법적인 절차를 거쳐 이탈리아로 들어온 뒤 정치적인 이유로 망명을 신청하여 난민으로 받아들여졌습니다. 그는 이탈리아로 오기 전에는 스페인에 머물기도 했습니다. 그러나 이탈리아에 대한 환상 때문에 스페인에 정착할 미련은 버리고 오직 이탈리아만 보고 달려왔다고 했습니다. 그는 스페인에 정착하지 않은 것을 후회한다며 긴 한숨을 내뱉기도 했습니다.

그는 10년 동안 자신의 몸 하나도 추스르기 힘든 생활을 견뎌야 했습니다. 지금은 작고 지저분한 아파트에서 겨우 목숨만 부지할 정도로 정부에서 나오는 돈을 받아서 생활하고 있다고 합니다. 목숨만 부지해 왔으니 남은 건 오로지 늙어 가는 몸과 썩어 가는 치아밖에 없다는 농담도 했습니다.

그가 이탈리아에서 자리를 잡고 부자로 떵떵거리면서 살고 있으리

라 생각하는 수단의 아내와 두 아이들은 지금 이탈리아로 오기만을 손꼽아 기다리고 있습니다. 하지만 가족들의 생계를 책임질 재간이 도무지 없는 그는 가족들의 이민을 계속 미뤄 왔습니다. 가족들에게 계속 거짓말을 해 온 것입니다.

살던 곳을 떠날 수밖에 없는 사람들

지금도 아프리카의 수단이나 모로코, 튀니지아, 에리트리아 등의 나라 사람들은 지중해를 건너 날마다 유럽으로 넘어오고 있습니다. 이 숫자는 어림잡아서 한 해에 수십만 명에 이릅니다. 이들이 유럽으로 오는 이유는 인간 밀수 조직들이 돈을 벌기 위해 퍼뜨리는 유럽에 대한 막연한 환상이 큰 계기가 되고 있습니다. 인간 밀수 조직들은 이미 중동과 아프리카, 중앙아시아 등 일반 대중들의 생활 수준이 낮은 지역을 중심으로 튼튼한 터전을 닦아 놓았습니다. 그리고 이미 국제적인 협력 체계를 마련해 놓은 상태입니다. 그리스나 이탈리아에서 만났던 많은 아프리카에서 온 난민들에게 물어보면 보통 시골 출신입니다. 이들은 백이면 백 검은 조직의 꾐에 빠져 유럽에 온 경우가 대부분입니다. 인간 밀수 조직은 유럽에 대한 환상을 불어넣은 뒤 조직적으로 이들을 착취해 왔습니다. 이들은 주로 생활과 교육 수준이 낮은 가난한 나라의 농촌 지역을 대상으로 불법 이민자들을 모집해 오고 있습니다. 이 조직은 이민자들이 불법으로 다른 나라의 국경선을 넘으면 아무리 후회해도 되돌아갈 수 없다는 현실을 이용하여 끊임없

이 이들을 착취하고 있습니다. 문제는 인간 밀수 조직이 선전하는 환상과 유럽의 현실은 하늘과 땅만큼 차이가 크다는 사실입니다. 그럼에도 아프리카를 떠났다는 데 큰 후회는 없다고 합니다. 그곳이나 유럽이나 사는 수준은 크게 다르지 않지만 안전하게 두 다리 뻗고 잘 수 있다는 데 만족한다며.

이처럼 아프리카에서 겪었던 불안했던 생활과 비교하면서 마음을 달래기도 합니다. 소말리아나 수단같이 내전에 휩싸인 나라에서 온 아프리카인들에게는 유럽이 더없이 안전한 보금자리일 수가 있습니다. 비록 길거리에서 잠을 자고 자선 단체에서 주는 음식을 먹으면서 살아가지만 더 이상 죽음의 공포에 사로잡히지 않아도 된다는 사실에 더없이 만족하기도 합니다. 반면에 일거리를 찾아 불법으로 이민해 온 아프리카 사람들의 경우에는 제대로 일자리를 구할 수 없는 형편 때문에 대부분은 할 수 없이 불법 노점상을 하면서 생활을 해 나가고 있습니다.

아프가니스탄 난민의
기나긴 여정

유럽, 유럽으로!

앞서 만난 코다다드 씨 가족처럼 아프간에서 계속 그리스로 유럽으로 난민들이 밀려들고 있습니다. 전쟁이 계속되고 있다는 의미입니다. 아프간에서 전쟁이 시작된 지는 35년이나 지났습니다. 전쟁으로 모든 것이 파괴됐고, 그 결과 아프간 난민들은 그칠 줄 모르고 생겨나고 있습니다.

아프간 내의 파키스탄 대사관이나 이란 대사관에서만 아프간 사람들에게 비자를 발급하고 있습니다. 다른 국가의 대사관들에서 아프간 사람들에게 비자 발급을 중단한 지는 오래됐습니다. 그러니까 합법적인 경로로 유럽으로 가기란 불가능하다는 뜻입니다. 따라서 불법으로 난민을 탈출시켜 주는 인간 밀수업자들을 통해 유럽으로 가려는 사람들이 줄을 늘어서 있는 실정입니다.

유럽으로 가려는 이유는 두 가지입니다. 하나는 유럽에는 아프간처럼 전쟁도 없어서 공포에 짓눌려 살 필요가 없다는 것입니다. 두 번째 이유로는 유럽에서 일을 하면 임금이 훨씬 높아서 한 달만 일해도 아프간에서 1년이나 2년 동안 일한 임금을 받을 수 있다는 것입니다.

유럽으로 가는 험난한 여정

이제 아프간 난민들이 유럽으로 가는 경로를 살펴보겠습니다.

먼저 아프간 난민들이 유럽으로 가기 위해서는 아프간에서 나와야 합니다. 아프간에서 가장 쉽게 갈 수 있는 나라가 바로 파키스탄과 이란입니다. 현재 이들 두 나라에는 약 500만 명의 아프간 난민들이 살고 있습니다. 아프간인으로서 파키스탄으로 여행하는 건 쉽게 이뤄집니다. 특히 아프간과 파키스탄의 국경 부근에 살고 있는 '파슈툰' 민족은 더 쉽게 파키스탄이나 이란으로 이동할 수 있습니다. 이들은 주로 트럭이나 자동차로 여행객들과 물건들, 마약을 실어 나르는 일에 종사하고 있습니다. 수백 킬로미터에 달하는 광활한 국경선을 경찰들이 다 통제한다는 것은 불가능하기 때문에 이들은 아주 쉽게 불법을 저지를 수 있습니다.

이들 인간 밀수업자들은 아프가니스탄과 이란, 파키스탄과 이란 사이에서 인간이나 물건들의 밀수를 통하여 엄청난 수익을 올리고 있습니다. 이들은 한 사람당 200달러를 받고 아프칸 사람들을 파키스탄이나 이란으로 실어다 줍니다. 많은 난민 가족들의 경우 이런 엄청난 돈을 지불할 수 없기 때문에 가족 중 한 명이 돈이 완전히 지불될 때까지 인질로 잡혀 있게 됩니다. 대부분의 아프간 난민들은 유럽으로 넘어가기 위해서 이란으로 가려고 애쓰고 있습니다.

현재 수십만 명의 젊은 아프간 난민들이 터키를 통하여 유럽이나 동아시아나 호주로 가기 위해 애쓰고 있습니다. 유럽으로 가기를 원하는 난민들의 첫 번째 목적지는 터키의 최대 도시인 '이스탄불'입니다. 터키와 이란 사이를 오고 가는 인간 밀수업자들은 아프간인과 이란인, 쿠르드인과 터키인들로 다양합니다. 이들은 서로 협력하면서 자신들의 몫을 챙기고 있습니다. 이란에서 이스탄불까지는 한 사람당 최소한 500달러를 내야 합니다. 그러나 난민들이 체포돼 추방당할 경우에는 돈을 돌려주기도 합니다.

  이란에서 터키로 넘어가는 길이 가장 어렵습니다. 터키의 국경 경비는 철통같이 견고하며 앙카라와 이스탄불로 가는 모든 길목에는 곳곳에서 터키 경찰의 검문이 이뤄집니다. 따라서 어떤 경우에는 최소한 24시간을 걷거나 어떤 사람들은 며칠을 걷는 경우도 있습니다. 이들은 밀수 조직이 마련해 놓은 비밀스러운 집에 며칠씩 머물거나 아니면 산이나 숲, 또는 사막에서 머물기도 합니다. 이들은 터키 경찰력이 미치지 않는 쿠르드 지역이나 지뢰가 묻혀 있는 지대를 통과하기도 합니다. 매번 최소한 2명의 쿠르드인이나 터키인 밀수업자들이 보통 30~40명의 난민들을 안내하게 됩니다. 이들은 종종 낮에는 자고 밤새도록 걷기 때문에 이란의 테헤란에서 터키의 이스탄불까지 20일에서 한 달 정도 걸리기도 합니다. 따라서 대부분의 난민들은 가는 도중에 자신들의 결정을 후회하게 됩니다. 난민들은 굶주림과 목마름, 따가운 햇볕, 육체적 고난을 참아 내야 합니다.

터키의 국경 경비대에 발각되기라도 한다면 추방뿐만 아니라 온갖 고난을 감수해야 합니다. 이들은 며칠씩 터키 감옥에 던져진 후 경찰에게 죽도록 얻어맞고서는 돈은 물론 옷가지와 소유물을 뺏기기도 합니다.

터키에서 그리스로 가는 길

한 아프가니스탄 난민의 경우, 터키 경찰이 그에게 발가벗기를 명령한 후 돈을 찾으려 했지만 돈을 입 안에 감추었기 때문에 찾지 못했다고 합니다. 옷을 다 벗기고 알몸 수색을 한 터키 경찰은 다시는 터키

에 오지 못하게 이렇게 하는 거라는 변명을 늘어놓았다고 합니다. 이란으로 강제 추방되는 경우가 있지만 이란 측 경찰들이 난민들의 돈을 빼앗는 경우는 아주 드물다고 합니다. 그러나 많은 아프간 난민들은 이란으로 돌려보내지는 대신에 다시 아프가니스탄으로 되돌려 보내지기도 합니다.

추방된 한 아프간 사람은 안내원에게 이렇게 힘들 줄 알았다면 밀입국할 결심을 하지 않았을 거라며 되돌아가게 해 달라고 요구했다고 합니다. 그러자 안내원은 그러면 자신은 신용을 잃고 일거리도 잃을 거라며 거절했다고 하지요.

보통 난민들은 경찰에 검거되더라도 이들 인간 밀수업자들은 검거되지 않습니다. 그들은 경찰에게 돈을 주고 빠져나오기 때문입니다. 인간 밀수업자들은 이스탄불에 비밀 아지트를 가지고 있어서 난민들이 다음 여행지로 갈 준비를 할 때까지 그곳에 머물게 합니다. 어떤 난민들은 다음 목적지까지 여행할 돈을 벌려고 일을 하기도 하고, 어떤 난민들은 가족이나 친구들로부터 돈을 기다리기도 합니다.

터키 정부에서는 아프간 난민들에게 아무런 신분증이나 체류증도 발급하지 않기 때문에 경찰은 언제든지 이들을 데려가서 강제로 추방시킬 수 있습니다. 그래서 대부분의 난민들은 마치 감옥 같은 밀수업자들의 집에서 머무르게 됩니다. 다른 지역으로 출발할 때까지는 가능하면 집 안에서만 지내게 됩니다.

유럽의 관문이라고 일컬어지는 그리스로 들어오는 경로는 굉장히 다양합니다.

먼저 육로로 걸어서 국경을 통과하는 것입니다. 보통 5명 이하로 한 그룹을 만들어서 국경을 통과하게 되는데 산악 지역을 통하여 강을 건너고 숲을 통과합니다. 보통 낮에는 자고 밤에는 밤새도록 길을 걷게 됩니다. 터키 국경에서 그리스 국경의 가장 가까운 도시에 이르는데 보통 15일 이상 걸리는 경우도 있습니다.

만약에 그리스 농부에게 발각되면 즉각 그리스 경찰에 연락이 가게 됩니다. 보통 안내원은 이 지역을 훤히 꿰뚫고 있습니다. 대부분의 안내원은 몇 번인가 그리스 국경에서 체포돼 터키로 추방된 경험이 있는 경우가 대부분입니다. 시내로 무사히 들어가서 기차표나 버스표를 사기만 하면 아테네에 당도하는 것은 아주 쉬운 일입니다. 그러나 이 경로를 통해서 밀입국하는 사람들은 겨우 10퍼센트 미만입니다. 너무 시간도 많이 걸리고 위험하기 때문입니다.

대부분의 난민들은 해상로를 통해 그리스로 들어갑니다.

난민이 1000달러 이상(약 120만 원)을 지불하는 경우에는 인간 밀수업자들은 이들의 밀입국을 보장합니다. 만약에 난민들이 체포돼 추방될 경우에도 재차, 삼차 시도할 기회를 주기도 합니다. 따라서 이 방법을 '보증 수표'라고 부릅니다.

인간 밀수업자들은 보통 작고 낡은 통통배를 사용합니다. 이유는 경

찰과 맞닥뜨릴 경우에 배를 잃어버릴 수도 있다는 계산이 깔려 있습니다. 한 아프간 난민은 자신이 그리스로 넘어올 때 밀수업자들에게 돈을 주고서 해로를 통해 넘어왔습니다. 5인승 배에다 80명이나 되는 사람을 실었습니다. 작은 배에 엄청나게 많은 사람들이 몰려 있어 파도가 일 때마다 배가 갈라지는 소리가 나서 배가 침수할까 봐 내내 공포에 떨었다는 것입니다. 이 배는 그리스의 한 섬에 도착해 난민들을 내려 줬습니다. 곧 인간 밀수업자들은 100킬로그램 이상의 마약을 다른 배에 싣고는 사라졌다고 합니다. 물론 난민들은 그리스 경찰이 올 때까지 기다렸다고 합니다.

그리고 가장 위험한 제3의 방법은 작은 고무보트를 이용하여 가까운 그리스의 섬으로 넘어오는 것입니다. 보통 3~4명이 함께, 돈이 없거나 어디에서도 돈을 기대할 수 없는 절박한 상황에서 시도되는 방법입니다. 이들이 작은 고무보트와 구명조끼 등 장비를 구입하는 데 드는 비용은 우리나라 돈으로 약 15만 원 정도입니다.

이들은 터키 연안에서 가까운 그리스의 섬인 레스보스섬과 키오스, 코스 등의 섬으로 밤에 출발하여 아침에 도착하게 됩니다. 이들이 도달하는 가장 가까운 섬까지는 10시간 가까이 걸립니다. 그러나 바다에서 만약 폭풍이라도 만나게 되면 거의 죽음의 상황까지도 갈 수 있습니다.

한 아프간 젊은이는 바다에서 길을 잃어 3일간 표류했다고 합니다. 음식과 물이 떨어져 거의 죽음 직전까지 갔다고 회상하기도 했습니다. 그리스 경찰 측에서는 이런 난민들을 발견하면 즉시 경찰서로 데리고 갑니다.

불법으로 입국하는 사람들은 쿠르드인, 아프간인, 파키스탄인 등 세 그룹으로 나뉩니다. 대부분의 아프간 난민들은 그리스로 받아들여지지만 그 외의 사람들은 대부분 되돌려 보내집니다. 아프간 난민들은 그리스 경찰들의 태도에는 큰 불만이 없습니다. 이유는 터키 경찰들의 가혹한 처우와 비교해서는 훨씬 신사적이기 때문입니다.

그리스 코스섬에 임시로 거주 중인 아프가니스탄 난민들.

난민들의 희망, 독일

어쨌거나 그리스는 아프가니스탄 사람들의 주 목적지가 아닙니다. 아프가니스탄 난민들은 무료 급식과 숙소를 제공받으면서 돈을 아끼거나 모읍니다. 그리고 독일로 갈 날만 손꼽아 기다리고 있습니다. 그리스에서 망명 신청을 해 버리면 독일에서는 망명이 받아들여지지 않기 때문입니다. 당연히 모두들 불법 난민으로 살아가면서 자신들에게 돌아올지도 모를 독일행의 기회만 찾고 있습니다.

많은 아프간 난민들은 숙소가 없어서 공원이나 공터 같은 곳에서 잠을 자는 형편입니다. 어떤 이는 나무 아래나 벽 사이에 비닐로 천막을 만들기도 하며, 몇 명의 그리스 사람들이나 자선 단체들에서 담요와 오버코트를 가져와 나눠 주기도 합니다. 또한 그리스 정부에서는 시리아나 아프간에서 온 난민들을 위해 2004년 올림픽 게임 당시에 사용했던 체육관을 임시 숙소로 개조하기도 했습니다. 그러나 이런 시설들은 난민들의 숫자에 비해 턱없이 모자란 형편입니다.

그리고 수백 명의 아프간 난민들은 그리스 남쪽의 항구 도시 '파트라'에서 지내고 있습니다. 이들은 바다를 건너서 이탈리아로 갈 날만 기다리고 있습니다. 이들은 아테네에서 지내는 난민들보다 훨씬 더 힘든 삶을 살아가고 있습니다. 이들을 도와줄 단체도 없을 뿐 아니라 지낼 만한 적당한 공원조차도 없기 때문입니다.

몇 사람들은 해변의 낡은 배 아래나 옆에다가 비닐로 천막을 만들

어 지내기도 합니다. 비가 올 경우에는 물이 들어와서 도저히 잠을 잘 수도 없는 상황입니다.

난민들은 그리스에서 이탈리아로 가기 위해 목숨을 걸고 있습니다. 그들 사이에서는 이미 제비를 뽑아 순번을 정해 놓고 차례를 기다리고 있습니다. 가장 일반적으로 사용되는 방법은 인간 밀수 조직이 미리 예약해 둔 컨테이너 속에 숨어 사람과 화물을 싣는 커다란 페리선으로 파트라항을 통해 이탈리아에 도착하는 것입니다. 이 경우에는 300달러에서 600달러까지 다양한 값이 매겨지는데 컨테이너나 트럭의 종류에 따라 그 값이 달라집니다. 이 경우에도 생명의 위험을 감수해야 하기는 마찬가지입니다. 컨테이너에 수십 명이 들어가 20시간

이상 꼼짝도 못 하고 지내야 합니다. 컨테이너가 완전히 밀봉되기 때문에 어지간한 고역이 아닙니다. 그동안 많은 난민들이 컨테이너 안에서 질식해 죽는 사건이 일어났습니다.

그리고 파트라항에 몰래 들어가서 트럭에 접근한 후 운전사가 잠시 휴식을 취하거나 자리를 비운 틈을 타서 컨테이너에 들어가 숨는 방법도 있습니다. 이럴 경우에는 돈은 한 푼도 들지 않지만 엄청난 위험을 감수해야 합니다. 이탈리아로 가는 시도가 성공하게 되면 이탈리아에서 독일로 가는 기차표만 사면 됩니다.

파트라항에 모이다

멀리 보이는 바다 위로 육중한 크기를 자랑하는 페리선 한 척이 바닷물을 가로지르면서 항구로 들어오고 있습니다. 항구에 거의 닿은 페리선은 그 크기가 마치 거대한 산 같은 위엄을 보입니다. 곧 페리선은 거대한 입을 열기라도 하듯 문을 열어젖힙니다. 안에서는 거대한 컨테이너를 실은 트럭들이 귀청이 터질 듯한 굉음을 내면서 페리선의 입구를 통해 천천히 빠져나오기 시작합니다.

계절에 따라 조금씩 다르지만 여름철에는 파트라항을 통해 1000대의 컨테이너 트럭들과 수천 대의 일반 차량들, 수만 명의 승객들을 날마다 실어 나릅니다. 우리나라에서는 인천항이 중국 대륙을 향한 관문이라면 그리스에서 파트라항은 유럽 대륙으로 진출하는 관문인 셈입니다. 맞은편에는 이탈리아의 앙코나항이 있지요.

파트라항의 부둣가 주변은 모두 쇠창살로 된 담으로 차단돼 있고, 심지어 부분적으로는 담 주위에도 가시철조망이 쳐져 있습니다. 부두로 들어가는 입구에는 경찰들이 지키고 서서 일일이 출입을 통제하고 있어 경비가 꽤 삼엄한 편입니다.

10년 전만 해도 파트라항은 완전히 트여 있었습니다. 그러나 이제는 철조망이 둘러진 폐쇄된 항구로 변하고 말았습니다. 가장 큰 이유는 바로 정식으로 입국할 수 없는 '불법 이민자'들 때문입니다. 여기에는 아직 난민 신청을 하지 못한 난민들이 포함되지요.

파트라항의 부두를 차단시킨 쇠창살 담 밑에서 3명의 젊은이들이 주저앉아 쇠창살 사이로 페리선을 바라보고 있습니다. 지금 뱃고동 소리를 힘차게 울리는 페리선은 막 항구를 떠날 준비를 서두르고 있습니다. 3명의 젊은이들은 떠나려는 배를 지그시 바라보면서 묵묵하게 앉아 있습니다. 배를 뚫어지게 쳐다보다가 마치 기도라도 하는 듯 눈을 지그시 감기도 합니다.

맞은편 도롯가에서 이 모습을 쳐다보던 시민들도 한숨을 쉬면서 지나칩니다. 이곳으로 나를 데려다준 한 그리스 고등학생은 "이들은 하루도 빠짐없이 이 시간만 되면 여기 앉아 있어요."라고 말했습니다. 파트라시에 사는 시민들 대부분은 이들이 왜 여기서 배를 바라다보고 있는지 알기 때문에 애틋한 마음으로 지켜보고만 있을 뿐입니다. 도

로를 가로질러 앉아 있는 이들에게 다가갔습니다.

"어디서 온 사람들입니까?"

"아프가니스탄에서 왔습니다."

"여기서 뭘 하세요?"

"신에게 우리를 이탈리아로 보내 줄 것을 빌고 있는 중입니다."

"이렇게 앉아서 빌면 이탈리아로 갈 수 있을 것 같나요?"

"지금으로서는 특별히 할 수 있는 일은 없고 기도만 하면서 기다리고 있습니다."

그리스 안의 작은 아프가니스탄

나는 이들에게 사는 곳을 좀 보여 달라고 했습니다. 해변 도로를 끼고 걸으면서 6명의 아프간 사람들이 골목 어귀에 앉아 있는 모습도 보였습니다. 이들도 마찬가지로 골목 어귀에 앉아 멀리 떠날 채비를 서두르는 페리선을 바라보고 있는 것 같았습니다. 이들이 안내해 준 곳은 돌을 쌓아 올려 비닐로 지붕을 만들어 올린 집이었습니다. 이런 집들이 몇 개나 모여 있었습니다. 1970년대까지만 해도 서울에는 빈민들이 모여 살던 '하꼬방 동네'가 존재한 적이 있었는데, 물론 그 규모는 비길 수 없어도 사는 모양은 매우 흡사하다는 생각이 들었습니다.

이곳에는 60여 명의 아프가니스탄에서 온 난민들이 모여 살고 있는데 모두 남자들인 것도 특색입니다. 몇 년 전부터 아프간 난민들이 임시로 정착한 곳으로 전에는 전기나 수도가 없었습니다. 하지만 지금은 집집마다 전기가 들어오고 공동 수도이지만 수돗물을 사용할 수 있습니다.

  나는 몇 년 전에 이곳에 와 본 적이 있었습니다. 쌀쌀한 그리스의 겨울철 추위가 채 가시지 않은 날, 파트라의 긴 해변 길에서 본 것은 해변가의 바위 위에 세워진 수십 개의 작은 천막들이었습니다. 몇 사람들은 차가운 바닷물에 들어가 세수를 하고 몸을 씻고 있었습니다. 아프가니스탄에서 온 사람들이었습니다. 이들은 바닷가의 바윗덩어리 위에다 천막을 설치해 놓고서 살아가고 있었습니다. 그리고 길 건너

편에는 지금의 천막촌이 설치돼 있었고 더 많은 사람들이 살고 있었습니다. 당시에는 전기나 수도 같은 것은 상상도 할 수 없는 상태로 살아가고 있었습니다. 지금은 해변에 설치됐던 천막들이 파트라 시청에 의해 모두 철거됐습니다.

　사람들이 하나둘씩 내 주위로 모여들더니 20명 정도의 사람들이 순식간에 모였습니다. 내가 카메라를 들이대자 손사래를 치면서 피했지만 도와주러 왔다고 말하자 순순히 응했습니다. 이들은 여기 머물면서 이탈리아로 갈 자신의 순번을 기다리고 있는 중이라고 했습니다. 인간 밀수 조직에서는 이탈리아로 난민들을 데려다주는 대가로 한 사

람당 300~1000달러를 요구하고 있다고 했습니다.

이들이 사는 모습을 보기 위해 문을 열어 보았습니다. 한 청년이 바지를 다림질하고 있었습니다. 한 방에 7명에서 10명 정도가 함께 산다고 했습니다. 그리고 그리스의 교회에 속한 자선 단체에서 하루에 한 번씩 제공하는 음식으로 살아 간다고 했습니다.

여기서 이렇게 비참하게 사는 이유를 물었습니다. 이들 중 머리를 짧게 자른 한 청년이 여기 사는 사람들은 모두 이탈리아로 가기 위해 배를 기다리고 있다고 대답했습니다. 대부분 1개월 내지 3개월 동안 이곳에 머무르고 있지만 3년 넘게 지내는 사람도 있다고 했습니다.

희망이 필요해요

'후세인 다렉(20세)'이라는 머리가 짧은 청년은 자신이 그리스로 온 경로를 장황하게 설명하기 시작했습니다. 아프가니스탄에서 이란을 거쳐 터키까지, 그리고 터키에서 그리스로 온 사연은 무용담처럼 재미있었습니다. 대부분 아프간 사람들이 그리스로 오는 경로는 비슷하다고 했습니다만, 그가 당한 고통은 남달랐습니다.

"터키에서 그리스로 인간 밀수 조직을 통해 54명의 아프가니스탄 사람들이 배로 출발했어요. 해변이 가까워 오자 터키인 선장은 우리들에게 내리라고 했죠. 머뭇거리던 사람들을 강제로 배에서 바닷물로 던져 버렸는데 그중 수영할 줄 모르는 13명은 영원히 물속에서 나오지 못했어요."

애기하는 도중 죽어 간 사람들이 생각났는지 그의 눈에는 눈물이 맺혔습니다.

"여기서 이렇게 고생하면서 돌아갈 생각은 안 해 봤어요?"

"아프가니스탄이나 이곳이나 힘들고 어렵기는 마찬가지지만 문제는 희망이 없다는 거예요. 여기서는 그나마 가야 할 목적지라도 있으니 희망을 갖고 살고 있습니다."

'여기선 그나마 목적지라도 있다'는 말이 나의 가슴을 울렸습니다.

난민들과 함께 이탈리아의 앙코나항으로

이제 나도 페리선을 타고 그리스에서 이탈리아로 가기로 마음먹었습니다. 이탈리아의 앙코나항에서는 무슨 일이 벌어질까 궁금했고요. 물론 나는 숨지 않고 당당히 표를 사서 페리선을 타고 여행하는 것이

지요. 페리선이 앙코나에 도착하면 이탈리아 경찰들이 페리선에서 불법 이민자들을 수색하는 과정을 지켜볼 생각이었습니다. 그럼, 여행을 떠나 보겠습니다.

페리선 선박은 움직이는 거대한 빌딩처럼 엄청난 크기입니다. 그리스의 파트라항에 대기하고 있던 페리선 안으로 많은 컨테이너를 실은 화물차들이 차례대로 들어갔습니다. 컨테이너들은 항구에 들어오기 전 이미 출입구에서 그리스 경찰의 검사를 받고 들어왔기 때문에 시간이 얼마 걸리지 않았습니다.

오후 6시가 되자 정확하게 거대한 페리선이 움직이기 시작했습니다. 수평선에 가까워지면서 서서히 가라앉기 시작하는 태양을 등진 상태로 배는 나아갔습니다. 아드리아해의 거센 물살을 가로질러 맞은편에 위치한 이탈리아의 앙코나로 향했습니다. 페리선은 정확하게 20시간이 지난 다음 날 이탈리아 시간으로 오후 1시에 앙코나항에 입항했습니다.

기대하지 않았던 경찰들과 세관 검색원들이 미리 대기하고 있었습니다. 이탈리아 경찰들은 아주 날카로운 눈초리로 페리에서 나오는 한 사람 한 사람을 유심히 노려봤습니다. 물론 나를 향한 시선도 날카로웠지만 동양 사람이어서인지 크게 개의치는 않았습니다. 내 뒤에 오던 그리스인으로 보이는 두 청년들은 이탈리아 경찰관의 제지를 받고 신분증을 제시해야 했습니다. 그리스 시민증을 확인하자마자 바로 통과시켰습니다.

한쪽에서는 페리에서 빠져나오는 승용차들을 일일이 검사하는 모습이 보였습니다. 트렁크를 열어 보기도 하고 운전석 아래를 뒤져 보기도 했습니다. 아무것도 발견되지 않았는지 승용차는 보내졌습니다.

곧이어 큰 컨테이너를 실은 12톤형의 화물차가 나왔습니다. 이탈리아 경찰에 의해 바로 제지를 당했습니다. 화물차 운전사가 내려서는 컨테이너를 열어젖혔고 바로 세관 경찰 2명이 작업용 장갑을 끼고서는 컨테이너 안으로 들어갔습니다. 아무것도 발견하지 못했는지 세관 경찰들은 그냥 나왔습니다. 화물차는 통과 허락을 받고 항구의 다음 지점으로 향하고 있었습니다. 이 광경을 지켜보던 그리스 화물차 운전사는 한 나라와도 같은 유럽 연합인데 화물차를 검색하는 것은 불법이 아니냐고 불평을 털어놓았습니다. 유럽의 한 부분인 그리스가 마치 유럽 국가가 아닌 것처럼 대우를 받기 때문에 기분이 썩 좋을 리가 없다는 것입니다.

페리선에서는 수백 명의 승객들이 나오고 있는 중입니다. 대부분은 경찰의 검문을 받지 않고 통과했으나 몇 명은 신분증 제시를 요구받기도 했습니다. 잠시 후 예상했던 일이 터졌습니다. 한 젊은이가 경찰의 신분증 요구에 그리스에서 발급받은 임시 등록증을 보여 줬습니다. 이 서류를 소지하고서는 타국으로 여행이 금지돼 있습니다. 이 젊은이는 이라크 출신의 쿠르드 사람이었는데 5명의 경찰들에 의해 곧

바로 배 안으로 되돌려 보내졌습니다.

　이탈리아의 앙코나 그리스의 파트라는 지금 불법 이민자 문제로 몸살을 앓고 있습니다. 여기에는 난민도 포함되지요. 특히 앙코나 지역의 경찰은 불법 이민자들을 적발하기 위해 존재하는 것 같았습니다. 경찰들의 색출 작업을 지켜본 뒤, 앙코나의 부두에서 빠져나와 시내 중심가로 걸어 올라가고 있었습니다. 거리에서는 부두에서 일어났던 똑같은 광경이 반복되고 있었습니다.

　수단과 방법을 가리지 않고 이탈리아의 앙코나에 도착하기만 하면

불법 이민자들로서는 사활을 건 모험에서 90퍼센트 이상 성공한 셈입니다. 이곳에서는 육로를 통해 유럽의 어느 나라로든 갈 수 있고 육로로 국경을 넘더라도 경찰의 검문이 거의 없기 때문에 안전하게 목적지에 도달할 수 있습니다. 그러나 이들이 가기를 원하는 나라가 현실적으로 불법 이민자들을 위한 천국인지는 불확실하지요.

지금까지 만나 본 불법 이민자들이나 난민들은 유럽에 대한 부푼 환상을 갖고 있었습니다. 특히 북유럽이나 영국, 네덜란드에 대한 환상은 너무 강했습니다. 그곳에 도착하기만 하면 두 팔 벌려 이들을 반갑

게 맞아 주면서 호텔에 재워 주고 나중에는 집도 주고 풍요롭게 살 수 있게 만들어 준다고 믿고 있었습니다.

유럽의 어느 나라도 이들을 향해 두 팔 벌려 반기는 곳은 없습니다. 이들이 가기를 원하는 나라들도 불법 이민자들을 곱지 않은 시선으로 대하기는 마찬가지이고 이곳에서도 밑바닥 생활밖에는 제공할 것이 없습니다. 그럼에도 해마다 수십만 명의 불법 이민자들이 목숨을 걸고 유럽으로, 유럽으로 향하고 있습니다. 파트라와 앙코나를 가르는 아드리아해는 지금도 묵묵히 인간들의 대행진을 지켜보고 있습니다.

살기 위해 떠나다,
시리아 난민

난민들의 집결지로 변한 헝가리의 수도

2014년 9월, 나는 다뉴브강이 흐르는 조용하고 평화로운 관광 명소인 헝가리의 수도 부다페스트가 갑자기 난민들로 가득 차 버렸다는 소식을 들었습니다. 나는 이 소식을 듣고서 바로 부다페스트의 켈러티역(동부역)으로 향했습니다. 켈러티역은 부다페스트에서 서유럽으로 향하는 대부분의 열차들이 출발하는 곳입니다. 바로 그곳에 수천 명의 난민들이 모여든 것입니다. 난민들 때문에 켈러티역의 모든 열차는 정지되고 지하철도 켈러티역은 바로 통과한다는 소식을 들었습니다. 켈러티 역사를 찾았을 때 역시 그곳은 아수라장으로 변해 있었

시리아 난민들로 가득 찬 헝가리 부다페스트의 켈러티역.

습니다. 역사 주변은 물론이고 역사와 연결된 지하철역 바닥도 모두 난민들로 채워져 있었습니다.

  여기저기서 잠을 청하기 위해 바닥에 뒹굴고 있는 젊은이들, 바닥에 박스 종이를 깔고 앉아 차를 마시는 가족들, 흥겨운지 소리를 지르면서 뛰노는 천진한 아이들……. 무엇보다도 공동 수도가 있는 곳은 가관이었습니다. 2개의 수도꼭지에 열댓 명이 달라붙어 조금이라도 물을 얻기 위해 서로 손을 내미는 모습이 보였습니다. 켈러티역을 거쳐 간 횟수만 따져도 100번도 더 넘지만 이런 광경은 한 번도 본 적이 없

었습니다. 옛말에 '집 떠나면 고생'이라는 말이 이곳에 와 보니 딱 들어맞는다는 사실을 느꼈습니다.

지하철역 바닥에 쪼그리고 앉아 있던 한 난민 청년으로부터 시리아에서 헝가리까지의 여행담을 들었습니다. 자신을 '사이드'라고 밝힌 28세의 시리아 청년은 IS(이슬람 국가)의 수도인 '라카'에서 아내와 함께 탈출했다고 말했습니다. IS가 통치하는 라카에 살면서 제대로 숨도 쉬지 못하고 살았는데, 제대로 숨 좀 쉬면서 살려고 탈출했다는 것입니다. 아내가 아파서 병원에 가야 한다는 핑계를 대고서 IS 대원들의 집요한 감시의 눈초리를 따돌렸습니다. 끝내는 터키의 '안타키아'로 넘어오는 데 성공했다고 합니다. 물론 터키로 넘어왔다고 모든 게 끝난 건 아니었습니다. 터키의 동부에서 서부의 이즈미르시로 긴 여행을 해야 했습니다. 그곳에서 다시 그리스의 레스보스섬으로 배를 타고 넘어왔다고 합니다.

나는 그에게 인간 밀수업자에게 얼마를 지불했는지 물었습니다. 물론 그는 말하기를 꺼려 했습니다만, 우물쭈물하면서 모든 걸 털어놓았습니다.

"그리스로 들어가는 가격으로 1인당 1200유로(약 160만 원)를 지불했습니다. 아내의 몫까지 2400유로요."

시리아를 떠나기 전에 값나가는 건 모두 팔았다고 합니다.

사이드 부부가 탄 배에는 20명 정도의 난민들이 함께 있었습니다. 레스보스섬에 며칠 머문 뒤, 그리스 경찰은 이들을 모두 대형 페리선에 태워 그리스 북부 지역의 항구 도시 '테살로니키'에 내려놓았다고 합니다. 테살로니키에서 난민들은 기차를 타고 그리스와 마케도니아 국경 지대에 내린 뒤 걸어서 마케도니아 국경을 넘었습니다. 마케도니아의 국경을 넘는 데는 이틀 정도가 걸렸습니다.

마케도니아 경찰은 난민들에게 아주 호의적이었다고 합니다. 당연히 마케도니아 경찰들은 이들이 그곳에 머물지 않으리란 사실을 잘 알기 때문에 아무런 제재를 가할 필요가 없는 셈이지요. 마케도니아와 세르비아의 국경 지대까지 기차를 타고 와서는 철길을 걸어서 국경을 넘었습니다.

세르비아로 넘어와서는 다시 열차를 타고 헝가리의 국경 지대까지 왔습니다. 헝가리 국경 지점인 '로스케'에서는 철조망을 넘어 광활한 들판을 걸었고 경찰들의 추격을 피해 열차와 버스를 타고 부다페스트

까지 왔다는 얘기를 들려줬습니다.

사이드 부부는 헝가리까지 오면서 많은 어린이들과 함께 버스로 기차로 여행했고 함께 걷기도 했다는 것입니다. 물론 아이들이 배고파 하거나 추위를 겪을 때는 자신의 옷을 벗어 덮어 주기도 했습니다. 이렇게 힘든 여행을 통해서 유럽의 관문인 헝가리에 도착했습니다.

사이드 근처에 앉아 있던 다른 젊은이들에게도 여행 경로를 물어봤습니다. 모두가 같은 경로를 거쳐서 헝가리까지 왔다는 사실을 확인할 수 있었습니다. 청년 4명 가운데 2명은 IS(이슬람 국가)의 수도인 '라카'에서 왔고, 다른 두 청년들은 시리아의 수도 '다마스커스'에서 왔다고 했습니다. 이들도 모두 인간 밀수업자들에게 돈을 지불하고 헝가리까지 왔다는 사실을 확인할 수 있었습니다.

이렇게 거의 한 달이나 걸려 인권을 존중한다는 유럽 연합의 회원국인 헝가리에 도착했지만 헝가리는 난민들을 환영하지 않았습니다. 시리아를 빠져나올 때만 해도 유럽에만 가면 모두들 환영받으면서 잘 살 수 있으리라는 부푼 꿈을 갖고 있었습니다. 그러나 헝가리에 도착하면서 기대는 사라졌고 넘어야 할 산들이 많다는 사실을 깨달았습니다.

물론 헝가리 정부는 난민들이 헝가리로 오는 것을 반대해 왔기 때문에 난민들을 지원하는 일은 하지 않고 있었습니다. 하지만 많은 헝가리 국민들은 난민들을 위해 자발적으로 모금을 하거나 헌 옷가지들을 모아서 전달하는 구호 활동을 벌여 왔습니다.

대다수의 난민들이 정착하고 싶어 하는 곳은 난민에게 관대한 정책을 펴고 있는 독일이다.

나는 켈러티역에서 난민들에게 먹을 것과 입을 것을 나눠 주고 있는 헝가리 자원봉사자들과 이야기를 나눴습니다. 이들은 한목소리로 헝가리 정부를 비판했습니다. 헝가리 정부는 난민들을 막는 데에만 신경을 썼지, 보살피는 문제는 아예 외면한다는 거였습니다. 난민들이 실제로 필요한 물과 음식, 옷가지들은 모두 헝가리의 민간 구호 단체들이 시민들에게서 모아 온 물품들과 성금으로 충당되고 있었습니다. 곳곳에서 헝가리 국민들은 정부가 채우지 못한 구호의 공간을 자발적으로 채우고 있었습니다.

　대부분의 난민들은 독일로 가기를 원합니다. 독일행을 택한 이유로는 몇 가지가 있습니다. 첫 번째는 가족이나 친지들 중에서 독일로 먼저 와서 자리 잡고 사는 사람들이 있는 경우가 많습니다. 두 번째는 유럽에서 가장 경제가 튼튼한 독일의 이민 정책이 난민들에게 가장 관대하다는 소문이 퍼져 있기 때문입니다. 세 번째로 독일에 가야 잘 산다는 서유럽이나 북유럽으로 갈 수 있는 기회가 생기기 때문입니다. 물론 사이드는 "마마 메르켈이 우리를 잘 돌봐 줄 것이라고 믿기 때문"이라고 반농담조로 말했습니다.

　일주일이 지난 뒤 켈러티역에 죽치고 있던 난민들은 기차에 태워져 대부분은 소원대로 독일로 갔습니다. 물론 나는 이들이 독일에서 어떤 대접을 받고 사는지는 모릅니다. 어쨌든 독일에서도 여전히 힘든 생활을 하리라고 생각합니다.

시리아 내전 상황과 현재

유엔 난민 기구(UNHCR)는 2015년 12월까지 시리아 내전으로 인해 시리아를 떠난 난민들은 430만 명에 달한다고 밝혔습니다. 시리아에서 전쟁이 일어나자 신변에 위험을 느낀 난민들은 주로 터키와 레바논, 요르단 등 주변의 국가들로 피난을 했습니다. 터키에 220만 명, 레바논에 120만 명, 요르단에 140만 명의 난민들이 머물고 있습니다. 2015년에만 독일로 시리아 난민들이 36만 명이 밀려들어 왔으며 이라크나 이집트에도 수십만 명이 살고 있습니다.

2000만 명의 인구 중 20퍼센트인 400만 명 이상이 난민으로 터키와 레바논, 요르단으로 피난길을 떠나 대부분은 난민촌에서 생활하고 있습니다. 시리아 난민 중 어린이들은 200만 명을 차지하고 있습니다. 이들 중 1만 명 정도는 부모도 없이 혼자서 국경을 넘어오기도 했습니다. 난민으로 터키나 요르단, 레바논에 살고 있는 시리아 출신의 어린이들은 제대로 된 교육을 받을 기회도 없이 생업에 내몰리고 있는 상황입니다.

시리아 내전은 2011년 소수파인 알라위파 출신의 독재자 아사드 대통령에 대항해서 일어난 다수파인 수니파 민중들의 봉기로 시작됐습니다.

　시리아는 다수파인 수니파를 시아파와 친한 소수파인 알라위파 출신의 아사드 정권이 40년 이상 지배하면서 독재의 논란이 계속돼 왔습니다. 2011년 아랍의 민주화 바람이 아랍에서 불기 시작해 시리아까지 불어왔습니다. 당시 다수파인 수니파는 연일 아사드 정권에 반대해 시위를 벌였으며, 정부군이 시위를 무력으로 해산하자 정권에 맞서 총과 칼을 들고 일어났습니다.

　당연히 아사드 정권은 군대를 동원해 물리적으로 진압하기 시작했습니다. 곧 수니파 그룹들이 무기를 들고 아사드의 군대와 맞서기 시

작하면서 시리아는 전쟁에 휩싸였습니다. 미국과 서유럽, 터키, 사우디아라비아 등의 국가들은 시리아 내전에 개입해 수니파 세력에 무기와 돈을 지원하기 시작했습니다.

아사드 정권은 러시아의 지원을 받으면서 수니파 무장 세력들과 몇 년째 전쟁을 벌여 오고 있습니다. 물론 양편에서 비행기나 탱크, 미사일 등을 동원한 폭격으로 도시들은 파괴됐고 주민들은 목숨을 부지하기 위해 시리아를 탈출해 이웃 국가들로 피난하기 시작했습니다.

시리아 내전으로 인해 1만 3000명의 어린이들을 포함해서 25만 명이 목숨을 잃었습니다. 그리고 200만 명의 어린이를 포함해서 400만 명의 난민들이 터키와 레바논, 요르단 등 이웃 나라들이나 유럽으로 난민이 돼 흩어졌습니다. 무엇보다도 전쟁이 계속되고 있기 때문에 희생자들이나 난민들은 계속 늘어 가고 있습니다.

지뢰로 뒤덮인 고향을 등진
체첸 난민

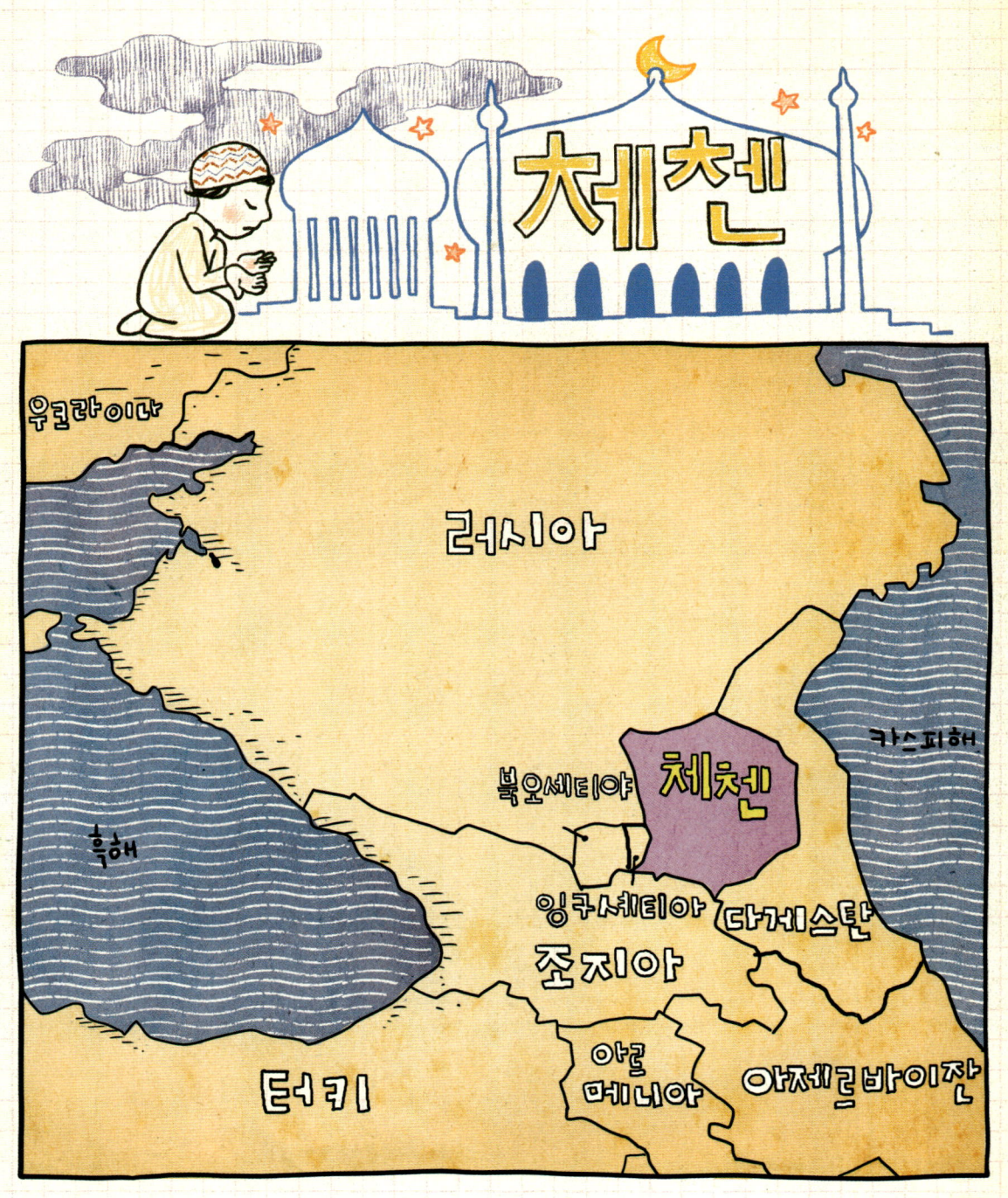

체첸에서 전쟁이 끊이지 않는 이유

 체첸 민족은 오랫동안 코카서스산맥 근처에서 터전을 잡고 살아왔지만 18세기에 러시아에 강제로 속해지면서 계속 독립을 원해 왔습니다. 무엇보다도 러시아는 기독교인 러시아 정교가 국교인 데 반해 체첸 민족은 이슬람 종교를 갖고 있습니다. 문화와 종교의 차이로 인해 체첸은 계속 러시아로부터 독립을 추구하게 됩니다.

 1991년, 옛 러시아, 즉 소련(소비에트 사회주의 공화국 연방)이 붕괴하자 독립의 기회가 왔다고 생각한 체첸 민족은 러시아로부터 독립을 선언하기에 이릅니다. 하지만 러시아는 체첸의 지리적인 중요성 때문

에 놓아주지 않았습니다. 1994년 12월 러시아는 체첸을 침공하기 시작했습니다. 2년간 계속된 전쟁은 체첸을 완전히 폐허로 만들었고 많은 사람들의 목숨을 빼앗았습니다. 1994년에 시작돼 1996년에 끝난 1차 체첸 전쟁으로 8만 명이 사망했다는 공식적인 발표가 있었습니다.

평화 협정을 맺고 잠시 조용해지다가 다시 체첸의 이슬람 무장 세력들이 러시아를 향해 테러 공격을 퍼붓기 시작하면서 전쟁이 다시 시작됩니다. 1999년부터 2000년까지의 2차 체첸 전쟁은 체첸 인구의 절반을 난민으로 만들었습니다.

지금은 사라졌지만 당시에는 체첸 난민들을 수용했던 대규모의 텐

조지아 판키시 계곡에 형성된 체첸 난민촌.

트 도시들이 유명해질 정도였습니다. 체첸 난민들은 터키와 조지아, 아제르바이잔, 잉구셰티아 등지로 피난을 떠나 지금까지 난민으로 살아오고 있습니다.

체첸 난민은 어떻게 지낼까?

나는 몇 년 전에 터키의 최대 도시인 이스탄불에서 난민으로 살아오고 있는 체첸 난민들을 방문해서 이들을 만나 봤습니다. 이스탄불의 변두리 지역인 '움라니예'의 한 이슬람 사원 마당에서 두 아이가 열심히 땅바닥에 돌로 무언가를 그리고 있는 모습이 보였습니다. 이들은 낯선 이방인을 보자 금방 사원 안으로 달려 들어갔습니다. 나는 아이들을 따라 들어갔습니다. 아이들이 들어간 곳은 이슬람 사원의 지하를 개조해서 만든 난민들의 거주지였습니다. 아이들의 목소리를 들은 난민들이 하나둘씩 문밖으로 몸을 내밀었습니다. 곧이어 어른과 어린이 할 것 없이 무슨 구경거리라도 만난 양 모여들기 시작했습니다. 이들은 모두 체첸에서 온 피난민들로 일부 사람들은 사원 지하실에서 길게는 10년 이상 지내기도 했습니다.

그때 돌연 휠체어를 탄 사람이 사람들을 헤집고 나타났습니다.

"푸틴(러시아 대통령)이 내 다리를 이렇게 만들었다오."

두 다리를 잃고 휠체어에 몸을 의지한 채 고통스러운 삶을 살아가고 있는 알리 구니셰프 씨의 첫마디였습니다. 그가 몸을 의지한 휠체어는 낡고 썩은 것이어서 곧 부서질 것만 같았습니다. 자녀 셋과 부인이 그의 옆을 지키고 서서 그의 얘기에 귀 기울이고 있었습니다.

그가 두 다리를 잃은 이유는 지뢰 폭발로 인해서였습니다. 1999년 9월, 러시아군이 체첸의 수도인 '그로즈니' 주위에 심어 놓은 50만 개의 지뢰 중 하나를 밟으면서 두 다리를 모두 절단해야 했습니다. 휠체어에 기댄 채 가족과 함께 피난길에 오르면서 몇 번이나 자살을 기도했다고 울먹였습니다.

"터키 정부에서는 전혀 난민들을 돌보지 않습니다."

난민촌 사람들은 불만을 터뜨렸습니다. 구니셰프 씨뿐 아니라 많은 난민들은 정신적·육체적으로 지친 상태이지만 의료 혜택을 받지 못하고 있습니다.

체첸 난민들은 대부분 2001년에 조지아와 아제르바이잔을 거쳐 터키로 넘어왔습니다. 일단 1개월 방문 비자를 끊어서는 난민 신세로 16년째 지내고 있는 사람들이 대부분입니다. 1999년 9월에 시작된 2차 체첸 전쟁은 러시아 정부가 체첸을 지구상에서 아예 없애 버리려고 작정한 것처럼 상상을 초월하는 공격을 해 댔다고 난민들은 기억했습니다. 쉬지 않고 폭탄을 떨어뜨리는 바람에 수도인 그로즈니는 완전히 폐허가 돼 버렸습니다. 이 때문에 인구의 절반에 해당하는 체첸 국민들은 난민이 되어 체첸을 떠났습니다. 대부분은 러시아의 이웃 국가들에서 지내고 있습니다. 지금도 러시아군의 위협을 피해 터키를 비롯한 유럽으로 넘어가고 있는 실정입니다.

　난민들은 나에게 사원 지하실의 좁은 공간을 나눠 만든 작은 교실을 보여 주었습니다. 이곳에서는 여교사와 10명 남짓한 어린이들이 열심히 수업 중이었습니다. 바로 러시아 정부가 말하는 '테러리스트들의 아이들'이라고 누군가 농담도 던졌습니다. 비록 앞으로 어떤 미래가 펼쳐질지 모르나 아이들은 열심히 여교사의 가르침을 듣고 있었습니다. 교실을 나와서 뒤따라간 곳은 작은 체육관이었습니다.

이곳에는 역기도 놓여 있었고 샌드백도 걸려 있었습니다. 어린이 2명이 한국인인 내 앞에서 자랑스럽게 자신이 배운 태권도 시범을 보여 주었습니다.

텅 비어 버린 체첸

체첸 난민 어린이들이 정식 학교에 다니지 못하고 임시로 만든 학교에서 공부하는 이유는 터키 정부에서 체첸 난민의 존재를 공식적으로 인정하지 않기 때문입니다. 당연히 유엔 난민 기구(UNHCR)도 터키 정부에서 아무런 협조를 얻어 낼 수 없습니다. 러시아의 눈치를 보는 터키 정부 때문에 체첸 난민들은 신분증 없이 수년을 지내 왔고 난민 혜

택도 전혀 받지 못하고 있습니다. 특히 난민의 자녀는 신분증이나 서류가 없기 때문에 학교에 입학할 수도 없습니다. 더구나 이 문제로 불평도 할 수 없는 처지입니다. 얼마 전에 체첸 난민 3명이 불법 체류자로 강제 추방된 일이 있었기 때문에 가능하면 참고 지낸다고 합니다.

현재 이스탄불의 체첸 난민들은 분산돼 살고 있습니다. 약 500명의 난민이 있으나 다른 도시나 이스탄불 빈민가에도 많이 거주하는 것으로 알려져 있습니다. '페네르바체'에 있는 난민촌은 터키 철도청이 직원 사용 건물을 개조해 만들었습니다. 180명 정도가 생활하는 이곳에서는 2년 동안 수도와 전기, 가스 시설이 없는 상태로 살아오기도 했습니다. 베이코즈 난민촌에는 허름한 3층 건물 전체를 난민들이 사용하고 있습니다. 이곳은 비교적 다른 난민촌에 비해 상태가 좋은 편

끊이지 않는 폭격으로 파괴된 수도 그로즈니.

입니다. 가스와 수도, 전기가 제대로 공급되고 중앙난방 시설이 갖춰져 있습니다. 반면 의료 혜택을 받지 못해 많은 난민들이 투병 생활을 하는 것으로 알려져 있습니다. 이 난민들은 개인이나 구호 단체의 도움으로 근근이 생활하고 있는 형편이나 이것도 지속적이지 않기 때문에 항상 불안정한 상태입니다.

참혹했던 체첸 전쟁과 현재

체첸은 자유를 위해 엄청난 대가를 지불해야 했습니다. 이미 인구의 30퍼센트가 전쟁으로 희생됐고 2차 체첸 전쟁이 벌어진 1999년

이후 체첸 인구의 절반인 50만 명이 다른 나라의 피난민 신세로 전락했습니다.

러시아의 공습과 폭격으로 그로즈니를 비롯한 체첸 도시들은 모두 폐허로 변했고, 화학탄 사용으로 땅이 오염되면서 더는 인간이 살 수 없는 지옥으로 변했습니다. 더구나 러시아군의 공격으로 언제 목숨을 잃을지 모르는 상황이어서 산에서 숨어 사는 경우를 빼고는 모두 체첸을 떠났기 때문에 도시는 텅 비어 있는 상황입니다.

1999년 러시아의 전면 공격이 가열되면서 체첸 난민들은 국경을 마주하고 있는 주위의 국가들로 넘어갔습니다. 체첸과 가장 가까운 잉구셰티아로 수십만 명이 넘어갔고, 그 밖에도 조지아, 다게스탄과 북

오세티야, 우크라이나, 터키 등지로 흩어졌습니다. 러시아 연방 거주 난민들은 모두 러시아군의 통제를 받으면서 지내고 있습니다.

현재 체첸 난민들은 한목소리로 체첸으로 돌아가기를 염원하고 있으나 막상 돌아가도 정상 생활을 하기란 거의 불가능한 상황입니다.

러시아군이 장악한 체첸은 무법천지로 변해 안전 문제가 심각한 수위에 도달해 있습니다. 그동안 체첸에서는 수천 명의 체첸 사람들이 행방불명 상태로 목숨을 잃었고, 러시아 정규군이 아닌 용병들에게 연행되는 경우에는 몸값을 지불해야만 석방되는 일이 다반사입니다. 러

시아 정부는 용병들에게 월급을 지급하지 않는 대신 이런 식의 수입을 허용해 왔습니다. 따라서 러시아군이 철수하고, 신변 안전이 보장되지 않는 한 난민들이 돌아가기란 힘든 형편입니다. 또 난민들은 대부분 가족을 잃었고, 집과 재산을 송두리째 파괴당했기 때문에 귀향이란 단지 내키지 않는 발걸음일 뿐입니다. 그들이 경작하던 농지는 모두 화학탄에 오염돼서 가축을 키우거나 농사를 지을 수 없을 뿐 아니라 식수도 오염된 상태입니다.

또 다른 위험은 지뢰입니다. 전쟁 중 러시아군은 체첸 땅에 50만 개의 지뢰를 묻었다고 공공연히 밝히기도 했습니다. 이미 지뢰로 인해 수천 명이 목숨을 잃거나 신체의 일부를 잃었습니다. 심지어 러시아군에서 특별 제작한 장난감 모양의 지뢰를 심어 놓고 체첸 어린이들을 유인하여 많은 어린이들이 목숨을 잃거나 다치기도 했다고 인권 단체들이 격분하고 있습니다.

이런 일이 공공연히 일상적으로 벌어졌기 때문에 체첸 사람들은 러시아가 체첸 민족을 완전히 말살하려 한다는 공포감에 사로잡혀 있습니다. 당시 모스크의 지하실에서 만났던 40대의 한 체첸 사람은 러시아가 체첸에 핵무기를 사용할지 모른다는 불안감까지 드러내고 있는 상황입니다.

또 하나의 분단국가,
키프로스의 난민

키프로스의 분쟁은 어떻게 시작됐을까?

키프로스섬은 지중해의 보석으로 누구나 탐내 온 섬입니다. 그리스 신화에서 사랑의 여신 아프로디테의 고향으로 잘 알려진 사랑의 섬이기도 합니다. 따뜻한 기후와 기름진 땅, 풍요로운 채소와 과일, 어산물 등 낙원과도 같은 곳이었습니다.

이 밖에도 중동과 가까워 뱃길로도 하루만 가면 이스라엘이나 시리아, 레바논에 도착할 수 있습니다. 바로 지리적인 위치 때문에 강대국들은 언제나 키프로스를 점령하기를 원했습니다.

키프로스의 난민 문제에 들어가기 전에 우선 간략하게나마 키프로

스의 현대사를 짚고 넘어갔으면 합니다. 키프로스도 우리 한반도처럼 1974년 이래로 남과 북이 분단된 상태입니다. 키프로스에서의 전쟁은 마치 엊그제 일어난 것 같은데 벌써 40년 이상의 세월이 흘러 버렸습니다.

먼저 남키프로스에서 북키프로스로 올라가기 위해서는 유엔이 관할하고 있는 완충 지대(버퍼존: buffer zone)를 거쳐 가야 합니다. 흥미로운 점이 있다면 이곳의 유엔군 병사들은 모두 영국군입니다. 키프로스를 1873년부터 1959년까지 식민지로 지배했던 영국군이 지금은 유엔군의 복장을 하고서 계속 주둔하고 있습니다. 옷만 갈아입은 셈입니다. 더군다나 키프로스에는 여전히 영국군의 군사 기지가 자리 잡고 있습니다. 즉, 영국이라는 존재는 지금까지 한 번도 키프로스에서 떠난 적이 없습니다.

1974년 7월 15일, 키프로스에서는 군사 쿠데타가 일어나 당시의 대통령이던 '마카리오스'의 정부가 전복됩니다. 마카리오스 정부는 당시 미국의 군사 기지 건설 제안을 반대하고, 남아 있던 영국의 군사 기지마저 폐쇄시키려 했습니다. 작은 섬나라 정부가 두 강대국들의 심기를 단단히 건드렸던 것입니다.

여기서 그친 게 아닙니다. 터키는 쿠데타를 빌미로 삼아 당시 18퍼센트의 인구를 차지하고 있던 북키프로스에 모여 살던 터키인들을 보호한다는 명목으로 1974년 7월 20일 대규모 군대를 동원해 키프로스

를 침공해 약 40퍼센트의 키프로스 영토를 차지하게 됩니다.

터키의 침공으로 인해 1700여 명의 키프로스 그리스인들이 의문의 실종을 당하고 20만 명 이상이 피난민으로 북키프로스를 떠나 각지로 흩어졌습니다. 이후 키프로스는 터키가 지배하고 있는 북키프로스와 그리스인이 대부분인 남키프로스로 분단된 채 지금까지 군사적 대립 상태가 지속돼 왔습니다.

1974년 이후 터키 점령 지역인 북키프로스는 지금까지 터키를 제외하고서는 공식 국가로 인정받지 못한 상태에 있습니다. 그리고 유

그린 라인이라고 불리는 키프로스의 완충 지대. 이제는 국경선이 되어 버린 완충 지대에는 유엔군이 주둔해 있다.

엔(UN)은 키프로스에서는 남키프로스의 정부 하나만을 인정한다는 결의안을 통과시킨 바 있습니다.

고향이 그리운 키프로스의 난민들

터키의 침공으로 난민이 된 '야니누' 씨의 얘기를 해 볼까 합니다. 자신을 '자유로운 죄수'라고 밝힌 야니누 씨는 1974년에 키프로스를 떠나 현재 아테네에 거주하고 있는 난민입니다. 같은 언어를 쓰고 문화와 종교가 같은 그리스에 살고 있고 자신을 키프로스 출신의 그리스인이라고 생각하지만 타향인 아테네에서는 전혀 마음이 편치 않습니다.

"나이가 드니까 고향에 대한 그리움이 깊어지면서 우울해지는 날이 늘어만 갑니다. 죽기 전에 고향에 돌아가 부모님들의 묘지라도 찾아뵈었으면 합니다."

당시 야니누 씨는 나에게 자신의 바람을 간절히 표현했습니다. 그동안 나는 야니누 씨를 몇 번인가 만나서 그의 하소연을 들을 기회가 많았습니다.

2001년에 만났을 당시 그는 25년 동안 북키프로스에 있는 고향을 단 한 번도 가 보지 못했다고 하소연했습니다. 당시에 외국인들은 마음대로 드나드는데 키프로스 사람들만

갈 수 없다면서 한숨을 내쉬었습니다. 당시 야니누 씨는 자신이 살던 집을 보고 싶어 했지만 방문하는 건 불가능했습니다. 대신에 내가 북키프로스에 가는 길에 그의 집을 방문해서 비디오로 촬영해 주기로 약속했습니다.

나는 약속한 대로 북키프로스를 방문해서 그의 집과 살고 있던 터키 가족들을 촬영한 필름을 건네준 적도 있습니다. 나를 따라다니던 터키 정부 측 가이드의 관심을 돌리기 위해 여러 집을 방문한 뒤에야 야니누 씨의 옛날 집을 방문해서 촬영을 할 수 있었습니다. 내가 방문했을 당시 그의 집에는 60대의 여인과 어린 손녀가 살고 있었습니다. 이들은 모두 터키에서 이주해 왔다고 했습니다.

그러나 마침내 조금 숨통이 트였습니다. 2003년도에 유엔의 중재로 남북의 키프로스가 상호 방문을 허용했습니다. 나는 이때도 키프로스를 방문했습니다. 그리고 야니누 씨를 키프로스의 수도인 니코시아에서 만났습니다. 야니누 씨는 지체 없이 북키프로스의 고향을 방문했습니다. 태어난 고향과 자신이 살던 집을 방문했고 그곳에 살고 있던 가족들을 만나 보기도 했습니다.

지나온 난민으로서의 삶에 대해 묻자, 야니누 씨는 회상에 잠겨 눈을 지그시 감았습니다.

"아테네에서 의과 대학을 갓 졸업한 장남의 결혼식 준비로 한창 부산하던 중 1974년 7월 20일 새벽에 갑자기 터키 군대가 들이닥쳤습니다."

 야니누 씨는 당시 고향인 '카레니아'의 수도 사업소 소장으로 일하고 있었습니다. 터키가 침공했지만 그는 피난을 가지 못했습니다. 당시 북키프로스에서 군 복무 중에 있던 둘째 아들의 생사가 걱정이 되었기 때문입니다. 그는 아무것도 없이 아내와 딸만 데리고 다른 마을로 잠시 옮겼습니다.

 외국인들이 거주하던 곳이라 안전할 것으로 믿었지만 곧 터키군에 연행돼 눈이 가려지고 밧줄에 손발이 묶인 채 어디론가 끌려갔습니다. 그 뒤, 건강이 너무 나빠져 바로 석방됐으며 건강을 회복하기 위해 고향 마을에서 머물고 있었습니다. 하지만 남자라는 이유로 다시 터키군에 연행된 뒤 한 달 동안 전쟁 포로로 감옥 생활을 해야 했습니다. 석방된 뒤 그는 가족들과 함께 곧바로 남키프로스로 내려갔다가 아테네로 떠났습니다.

 하루아침에 집과 직장, 그리고 친지들을 잃어버린 그는 인생을 타국에서 다시 시작해야 했습니다. 그는 나에게 자신의 결혼식 사진을 내보였습니다.

"사진을 보시면 대부분의 결혼 축하객들이 터키 사람들입니다."
 그는 사진 속의 결혼식 하객들을 손가락으로 가리켰습니다. 터키가 침공하기 전, 그리스인들과 터키인들이 함께 평화롭게 살던 시절을 잊지 못하는 듯했습니다.

키프로스가 통일되는 날

2004년 4월 24일 키프로스에서는 남과 북을 통틀어 당시 유엔 사무총장이던 코피 아난의 제안이 투표에 붙여졌습니다. 터키 측 키프로스 사람들은 65퍼센트가 찬성했지만 그리스 측 키프로스 사람들은 75퍼센트가 반대했습니다. 그럼에도 거의 90퍼센트의 유권자들이 투표에 참가하여 통일에 관한 높은 열기와 관심을 드러냈습니다.

아난의 제안이 투표로 거부된 뒤 다시 10년이 흘렀습니다. 지난해부터 남북 키프로스의 대표들이 만나 다시 통일에 관한 회의를 시작했습니다. 여전히 희망이 보이는 건 우리나라처럼 남과 북이 군사적으로 대치하면서 긴장을 조성하지 않는다는 점입니다.

전쟁의 소용돌이 속
콜롬비아 난민

콜롬비아 소녀 파티의 이야기

　콜롬비아의 한 마을에 '파티'라는 작은 소녀가 살았어요. 파티는 친구들과 어울리며 평범하지만 즐거운 하루하루를 보내던 중이었어요. 그러던 어느 날, 갑자기 엄마와 아빠가 파티를 불러 비장한 표정으로 말했습니다.

　"파티, 서둘러. 지금 당장 이곳을 떠나야 해!"

　"갑자기 왜요, 엄마?"

　"설명하기엔 너무 복잡해. 일단 떠나자!"

　파티는 무슨 일이 벌어지고 있는지 몰랐기에 두려웠습니다. 그렇지만 작은 소녀가 할 수 있는 일이라고는 아무것도 없었습니다. 파티는 영문도 모른 채 엄마, 아빠와 함께 아주 긴긴 시간 동안 버스를 탔습니다.

　"지금 어디로 가는 거예요?"

　"차차 알게 될 거야. 너무 걱정하지 말고 조금 자거라."

　파티가 도착한 곳은 이웃 나라 에콰도르였습니다. 가족은 에콰도르에서 삶을 다시 시작했습니다.

　"파티야, 힘들더라도 조금만 참으면 새 친구들도 만날 수 있을 거야. 더 좋아질 거야."

　하지만 파티는 엄마의 말을 믿지 않았습니다. 공원에서 노는 아이들에게 가서 인사를 건네며 함께 놀자고 했을 때 들었던 말이 머릿속에 맴돌았기 때문입니다.

"저리 가! 넌 다른 나라에서 왔잖아. 우린 외국 사람과는 놀지 않을 거야!"

파티는 엄마에게 말했습니다.

"엄마, 난 여기에서는 어떤 친구도 사귈 수 없을 것 같아. 애들이 내가 다른 나라에서 왔다며 나와는 놀지 않겠대요."

파티의 엄마는 말없이 파티를 안아 주었습니다.

콜롬비아 소년 '하이메'도 에콰도르에서 난민으로 살고 있습니다. 하이메는 에콰도르에 피난 오게 된 이유를 말해 주었습니다.

"우리 가족은 콜롬비아에서 왔어요. 하루는 총칼을 든 사람들이 집으로 찾아와서는 계속 위협했지요. 24시간 안에 떠나지 않으면 모두 죽이겠다고 했어요. 겁을 주기 위해 우리 형을 끌고 가려 했고요. 그날 밤, 우리는 마을을 몰래 떠났고 지금 이렇게 에콰도르에서 살고 있는 거예요."

파티나 하이메뿐만 아니라 수십만 명의 콜롬비아 어린이들이 위험을 피해 에콰도르나 베네수엘라, 파나마 등지로 정든 고향을 떠나고 말았습니다. 전쟁은 수많은 어린아이들의 가슴에 큰 상처로 남았지요. 열한 살의 어린 소녀 '밀레나'가 쓴 일기를 보면 그 고통의 무게가 고스란히 전해집니다.

자매처럼 친한 내 친구. 친구가 하느님께 드리기 위한 꽃다발을 사서 예배당에 도착했을 때 그곳에는 총을 든 남자들이 있었다. 그리고 그 뒤로 친구의 모습을 다시는 볼 수 없었다. 지금 내 친구는 하늘나라에 있다. 친구가 땅에 묻히는 모습을 보면서 정말 많이 울었다. 친구를 죽인 사람들은 내 친구를 죽인 날, 예배당 밖에도 폭탄을 떨어뜨려 많은 사람들을 죽게 했다. 지난 금요일 오후에 벌어진 일이다. 아직도 믿을 수가 없다.

콜롬비아는 지난 50년 동안 정부군과 무장 세력간의 내전으로 평화를 잃어버린 나라로 변했습니다. 정부군과 콜롬비아 무장 혁명군(FARC), 민족 해방군(ELN), 용병 그룹들, 마약 밀매 조직들이 서로 다투며 계속해서 전쟁을 벌여 왔습니다. 이들의 전투로 인해 지금까지 거의 400만 명의 콜롬비아 사람들이 정든 고향을 떠나야 했으며, 거의 20만 명이 목숨을 잃었습니다. 주변의 이웃 나라로 피난을 떠난 난민들만도 50만 명에 이릅니다. 현재 20만 명의 콜롬비아 난민들이 에콰도르에 머물고 있으며, 베네수엘라에 20만 명, 파나마에 10만 명

2015년 9월 11일 콜롬비아의 포파얀에서 벌어진 평화 행진.

의 난민들이 머물고 있습니다.

그러나 이렇게 이웃 국가로 떠난 콜롬비아 난민들은 제대로 난민으로 대우를 받지 못하고 있습니다. 제대로 된 일자리를 찾지 못하는 것은 물론이고 교육도 받지 못하고 있지요. 그래도 최근에는 에콰도르에서 5만 명을 난민으로 인정했고, 조금씩 에콰도르 사회에 뿌리를 내리도록 도와주고 있기는 합니다.

전쟁을 끝내는 것은 누구나 바라는 일입니다. 이를 위해 평화를 위한 수많은 회담이 열렸습니다만, 아무런 성과도 없이 끝나 버렸습니다. 어김없이 전투는 다시 시작되었지요. 다행히 2015년 9월에 쿠바의 수도 아바나에서 합의한 평화 협정만큼은 기대해 볼 만한 것 같습니다. 2015년 11월에는 콜롬비아 정부가 반역죄로 잡아들였던 콜롬비아 무장 혁명군(FARC) 소속의 게릴라 16명을 석방했습니다. 이것은 엄청난 진전입니다. 콜롬비아 정부가 2015년 9월의 평화 협정을 존중한다는 것을 보여 주는 것 같습니다. 그리고 세계 여러 나라에서도 콜롬비아가 전쟁을 그만둔다면 무엇이든 지원하겠다고 공개적으로 발표하기도 했습니다. 콜롬비아에 평화가 오면 파티의 가족처럼 콜롬비아를 떠난 난민들이 고향으로 돌아가서 다시 행복하게 살겠지요? 그날을 꿈꿔 봅니다.

 맺는 글

난민들의 슬픈 여행이
하루빨리 끝나기를 기원합니다!

    난민 문제는 갈수록 심각해지고 있습니다. 2015년에만 터키에서 그리스로 들어온 난민 숫자만도 85만 명에 달하고 있지요. 유럽으로 들어온 난민들의 숫자는 통틀어 100만 명을 넘어섰습니다. 유럽에서는 난민 문제로 인해 체제가 거의 붕괴될 정도로 심각한 상황이 계속되고 있고요. 2016년 1월, 시리아와 이라크, 아프간의 수천 명의 난민들이 세르비아나 마케도니아에서 추운 겨울을 나야 했습니다. 유럽의 국경이 열리기만 기다리고 있는 것이지요. 믿었던 유럽마저 난민들에게 등을 돌리기 시작한 것입니다. 이렇게도 저렇게도 할 수 없는 난민들의 처지는 막막하기만 합니다.

난민들은 대부분 아프리카나 중동 출신들이지만 눈을 돌린다면 콜롬비아, 티베트, 체첸, 키프로스 등 수많은 곳에서 난민들을 발견할 수 있습니다. 전쟁이나 굶주림으로 고향과 조국을 등진 난민들을 보면 안타깝습니다. 함께 살겠다는 우리 모두의 의지가 없는 한 난민들은 무거운 짐이 될 뿐입니다.

일부 유럽 정치가들은 난민을 불법 이민자 취급하기도 합니다. 특히 시리아 난민들에게는 이웃 국가인 터키, 그리스도 안전한 곳인데 왜 유럽으로 오느냐 하지요. 하지만 난민들의 입장은 다릅니다. 단지 텐트만 제공하는 이웃 나라들보다는 삶의 질이 훨씬 좋고 자녀들이 제대로 교육받을 수 있는 곳으로 옮기고 싶어 하는 것은 당연합니다. 비록 수천 킬로미터 떨어져 있지만 그나마 유럽이 가장 가까운 곳입니다.

어쨌든 난민 문제의 근본적인 해결책은 난민들이 조국으로 돌아가는 것입니다. 그러려면 전쟁이 끝나고 평화가 와야 합니다. 수백만 명의 난민들이 돌아가기까지는 오랜 시간이 걸리겠지요. 그때까지 세계는 난민과 고통을 나눌 수밖에 없습니다. 그리고 이들과 어디까지 고통을 나누느냐에 따라 세계의 미래가 정해질 것입니다. 하루빨리 난민들 모두가 돌아가서 파괴된 고향을 다시 건설하고 새롭게 삶을 시작하기를 기원해 봅니다.

■ 일러두기

인명과 지명 등의 고유 명사는 원칙적으로 외래어 표기법을 따르되, 현지 발음을 존중해 표기하였습니다.

세상에서 가장 슬픈 여행자, 난민

2017년 7월 5일 1판 1쇄
2024년 3월 15일 1판 8쇄

글쓴이: 하영식 | 그린이: 김소희

편집: 최일주, 이혜정, 김인혜 | 디자인: 권소연 | 교정: 한지연
제작: 박흥기 | 마케팅: 이병규, 양현범, 이장열, 김지원 | 홍보: 조민희
인쇄: 코리아피앤피 | 제책: J&D바인텍

펴낸이: 강맑실 | 펴낸곳: (주)사계절출판사 | 등록: 제406-2003-034호 | 주소: (우)10881 경기도 파주시 회동길 252 | 전화: 031) 955-8588, 8558 | 전송: 마케팅부 031) 955-8595 편집부 031) 955-8596 | 홈페이지: www.sakyejul.net | 전자우편: skj@sakyejul.com | 블로그: blog.naver.com/skjmail | 페이스북: facebook.com/sakyejulkid | 인스타그램: instagram.com/sakyejulkid

ⓒ 하영식, 김소희 2017

사진: 61쪽 켈러티역, 67쪽 시리아 난민들, 78쪽 체첸 난민촌, 84쪽 파괴된 그로즈니, 98쪽 그린라인과 유엔군ⓒ하영식 | 17쪽 유엔 임시 학교, 38쪽 그리스 코스섬의 아프가니스탄 난민들, 108쪽 콜롬비아 평화 행진ⓒ123RF

값은 뒤표지에 적혀 있습니다. 잘못 만든 책은 구입하신 서점에서 바꾸어 드립니다.
사계절출판사는 성장의 의미를 생각합니다. 사계절출판사는 독자 여러분의 의견에 늘 귀 기울이고 있습니다.
이 책은 저작권법에 따라 보호받는 저작물이므로 무단전재와 복제를 금합니다.

ISBN 979-11-6094-081-7 73300
ISBN 978-89-5828-770-4 (세트)